MINISTÈRE DES TRAVAUX PUBLICS
(Sous-Secrétariat des Postes, Télégraphes et Téléphones)

LE CODE DE LA T. S. F.

TEXTES OFFICIELS DES DÉCRETS
des 24 Novembre et 14 Décembre 1923

réglementant les

POSTES RADIOÉLECTRIQUES PRIVÉS

Étienne CHIRON, Éditeur
40, rue de Seine, 40
PARIS

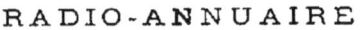

RADIO-ANNUAIRE

ANNUAIRE
DE LA
T. S. F.

PUBLIÉ SOUS LE PATRONAGE
DE LA
SOCIÉTÉ DES AMIS DE LA T. S. F.

PREMIÈRE ANNÉE

Étienne CHIRON, Éditeur
40, rue de Seine
PARIS

L'ANNUAIRE DE LA T. S. F.

est le répertoire indispensable à tous ceux qui, à un titre quelconque, amateurs ou savants, s'occupent de télégraphie sans fil

Il contient :
FORMULAIRE DE LA T. S. F.
LEXIQUE DES TERMES DE T. S. F. EN CINQ LANGUES
INDICATIFS D'APPEL DE TOUS LES POSTES DE T. S. F. DU MONDE ENTIER
LÉGISLATIONS RADIOTÉLÉGRAPHIQUES Internationales et Nationales
RÉPERTOIRE DU COMMERCE DE LA T. S. F.

Le volume relié, de 1388 pages, prix : **30 francs**

Pour l'envoi *franco*, ajouter le prix d'un colis postal (le volume pèse 2 k. 500)

Étienne CHIRON, éditeur, 40, rue de Seine, PARIS (6ᵉ)

LE CODE DE LA T. S. F.

En vente à la même librairie :

LA T. S. F. EXPLIQUÉE, par H. C. Vallier . 3 fr. »

La téléphonie sans fil pour tous : **RECEPTION PAR TELEPHONIE SANS FIL DES PREVISIONS METEOROLOGIQUES ET DES RADIO - CONCERTS.** Instruction officielle de l'Office national météorologique pour la construction et le montage d'un poste à galène .... 2 fr. »

LA TELEPHONIE SANS FIL EN HAUT -- PARLEUR, par le Docteur P. Husnot .... 3 fr. »

LE POSTE DE L'AMATEUR DE T. S. F., par P. Hemardinquer .... 10 fr. »

LA CONSTRUCTION DES APPAREILS DE TELEPHONIE SANS FIL, à galène, à lampes, en haut-parleur, par L. Michel .... 3 fr. »

MANUEL PRATIQUE DE T. S. F., par Branger 6 fr. »

TOUS LES MONTAGES DE T. S. F., par Branger. 7 fr.50

GRAPHIQUE HORAIRE DES EMISSIONS DE T. S. F. ET TELEPHONIE SANS FIL .... 3 fr. »

LISTE DES EMISSIONS ET TABLEAU DE DECHIFFREMENT DES RADIOGRAMMES METEOROLOGIQUES d'intérêt général émis par les postes de T. S. F. de la France et de l'Afrique du Nord française .... 4 fr. »

LES ONDES COURTES, par A. Clavier ...... 6 fr. »

ANNUAIRE DE LA T. S. F. .... 30 fr. »

MINISTERE DES TRAVAUX PUBLICS
(Sous-Secrétariat des Postes, Télégraphes et Téléphones)

LE CODE
DE LA T. S. F.

TEXTES OFFICIELS
- DES DECRETS -

des 24 Novembre et 14 Décembre 1923

réglementant les

POSTES RADIOÉLECTRIQUES PRIVÉS

Etienne CHIRON, Éditeur
40, Rue de Seine, 40
PARIS

LE CODE
DE LA T.S.F.

L'établissement et l'utilisation des installations radioélectriques privées, soumis à l'autorisation du Gouvernement par le décret-loi du 27 décembre 1851, par l'article 85 de la loi du 30 juin 1923 et par les décrets des 24 février 1917 et 15 mai 1921, sont réglementés actuellement par de nombreux arrêtés qui fixent les conditions générales d'ordre technique et d'ordre administratif auxquelles doivent être assujettis, d'après leur destination, les postes d'émission ou de réception.

Les dispositions de ces textes élaborés à des époques différentes et suivant les besoins du moment, au cours d'une période pendant laquelle la technique radioélectrique faisant de grands et rapides progrès, ne sont plus en harmonie avec l'état actuel de cette technique. Elles ne permettent plus d'accorder au public tous les avantages qu'il peut retirer de l'emploi de la télégraphie et de la téléphonie sans fil.

Une refonte complète de cette réglementation a donc été envisagée.

Pour la réaliser, il a paru nécessaire, étant donné les problèmes nombreux qu'elle soulevait, de faire appel au concours de tous les services publics intéressés et de provoquer les avis les plus autorisés.

Une commission interministérielle, composée de juristes et de spécialistes de la technique radioélectrique, avait été constituée dans le but de réglementer le droit de propriété des correspondances radiotélégraphiques et d'examiner les conditions d'application à la T. S. F. des dispositions du décret-loi du 27 décembre 1851; il a paru normal de lui confier également le soin de préparer les nouvelles dispositions à intervenir.

Cette commission a été constamment inspirée du désir de favoriser les progrès de la science et de la technique radioélectrique et de permettre au public d'en retirer les plus grands avantages. Consciente des intérêts généraux dont le Gouvernement a la charge, elle a estimé que l'établissement et l'utilisation des postes radioélectriques privés devaient être encouragés dans toute la mesure où ils pourraient fonctionner sans gêner le service des postes publics, sans se brouiller entre eux et sans constituer un danger pour la sûreté de l'Etat et la défense nationale.

Des exemples récents ont démontré que les craintes de brouillage des postes publics par les émissions privées ne sont que trop fondées. Des stations du service de la navigation aérienne, dont le rôle est d'assurer la marche et la sécurité des aéronefs, ont été considérablement gênés par certaines émissions. Dans le service radiomaritime, le naufrage, en mai 1921, du paquebot *l'Egypte,* dont les appels de détresse n'ont pu être perçus distinctement en raison du brouillage dû au grand nombre des communications commerciales, a, malheureusement, marqué la nécessité de réglementer d'une façon précise toutes les émissions.

Cette nécessité, qui apparaîtra davantage encore avec l'organisation prochaine de nouveaux services publics de radiocommunications, est d'ailleurs universelle. Dans certains pays où n'existait antérieurement aucune limitation à l'usage des communications radioélectriques, c'est sur la demande des usagers eux-mêmes que des mesures d'organisation ont été adoptées pour remédier aux troubles dûs à l'emploi, sans ordre ni méthode, des ondes électriques par les particuliers. Il importe donc, pour que le Gouvernement français ne se trouve pas dans l'obligation de prendre à bref délai de semblables mesures régressives, que le public n'accueillerait sans doute pas favorablement, de préciser les règles auxquelles doivent être soumis l'établissement et l'usage des postes radioélectriques privés de toute nature.

C'est à cet effet qu'a été élaboré le projet de décret ci-annexé, dont le texte n'a pas été définitivement arrêté qu'après une consultation de tous les groupements d'industriels et d'usagers intéressés et une étude minutieuse de leurs réponses.

Les dispositions de ce projet comportent deux parties bien distinctes qui visent, l'une les postes de réception, l'autre les postes d'émission.

En ce qui concerne les postes destinés uniquement à la réception des signaux, la réglementation projetée est extrêmement libérale et plus avantageuse pour les intéressés que celle de la plupart des pays étrangers. Il convient, en effet, d'encourager l'extension de la clientèle radiophonique. Sauf lorsqu'il s'agira de pétitionnaires de nationalité étrangère pour lesquels des dispositions spéciales ont été jugées indispensables, l'autorisation d'établir un poste de réception quelconque est donnée sous les seules conditions de ne pas s'immiscer dans la transmission des correspondances privées et de souscrire une déclaration permettant le recensement, dans l'intérêt de la défense nationale, des installations de cette nature.

La formalité de la déclaration a été rendue aussi simple que possible. Il suffira de remplir, dans un bureau de poste quelconque, l'une des formules mises à la disposition du public. Récépissé en sera donné immédiatement contre production des pièces d'indentité du déclarant et versement d'un droit unique de 1 fr.

Il ne sera plus exigé aucune redevance pour tous les postes qui ne serviront pas à des auditions publiques ou payantes. L'exonération de droits, est en outre, prévue pour toutes les audition publiques organisées gratuitement par les départements, communes, établissements publics ou d'utilité publique. La redevance actuelle de 10 francs par an, exigée de tous les postes récepteurs, se trouve ainsi supprimée.

Les plus grandes facilités seront donc données à tous les détenteurs de postes pour se mettre en règle en souscrivant une déclaration qui ne comportera, pour eux, d'une manière générale, aucune charge pécuniaire et qui n'est exigée que dans l'intérêt de la défense nationale. Le défaut volontaire de déclaration pourra dès lors, à bon droit, être considéré comme suspect.

En matière de postes émetteurs les dispositions du projet de décret ont principalement pour objet :

De subordonner l'établissement et l'usage de ces postes, dans l'intérêt de la sûreté de l'Etat, de la défense nationale et du fonctionnement des services publics, à une autorisation spéciale, après examen d'une commission où seront représentés tous les intérêts en cause;

De déterminer suivant la destination des installations, les puissances maxima, les types d'onde que pourront utiliser les postes privés sans qu'il y ait inconvénient pour les postes publics et pour les usagers eux-mêmes;

D'obliger les permissionnaires, dans le but d'éviter les émissions mal réglées ou mal modulées à faire assurer le réglage et le bon fonctionnement de leur poste par des opérateurs munis d'un certificat délivré par l'administration des postes, télégraphes et téléphones;

D'assujettir les postes radioémetteurs à une redevance annuelle pour droit d'usage, calculée proportionnellement à la puissance d'émission utilisée.

Afin d'encourager, dans l'intérêt national, les progrès de la technique radioélectrique, aucune redevance, pour droit d'usage, n'est exigée des postes d'amateurs ni des postes destinés à des essais techniques ou à des expériences scientifiques.

Des tarifs spéciaux pourront être consentis aux départements, communes et établissements publics.

Les postes destinés à la diffusion publique de communications d'intérêt général feront l'objet de conventions spéciales passées après avis de la commission visée plus haut. Les clauses techniques et financières des conventions et des cahiers des charges y annexés seront arrêtées après accord avec les ministres intéressés. Seront passées dans les mêmes conditions les conventions relatives à l'utilisation, en dehors des heures de service public, des postes radioélectriques appartenant à l'Etat.

La radiotéléphonie est, en effet, un mode nouveau d'information, de récréation et d'éducation dont il est très souhaitable d'encourager le développement.

Ses possibilités sont malheureusement, dans l'état actuel de la technique, étroitement limitées. Il convient, dès lors, que l'utilisation en soit soumise, dans l'intérêt général, à des conditions particulières.

L'Etat ne peut pas, par ailleurs, se désintéresser des bénéfices importants que l'exploitation de la radiotéléphonie est susceptible de produire si elle est bien conduite. Les postes récepteurs étant généralement exemptés de toute redevance, une organisation comme celle qui a été établie en Grande-Bretagne et qui repose sur le produit des redevances payées par les amateurs est impossible. Dès lors, l'exploitation commerciale peut seule fournir la base financière d'une organisation de radiotéléphonie d'intérêt général, en accord avec le projet de création de postes régionaux qui doit être prochainement soumis au Parlement.

Les ressources obtenues grâce à l'exploitation commerciale des postes émetteurs contribueront non seulement à payer les frais des communications d'intérêt public (communiqués météorologiques, etc.), mais encore, à doter les hôpitaux, les écoles, les communes rurales, etc., de postes récepteurs qui permettront aux compagnes, comme aux villes de bénéficier de l'œuvre de diffusion radiotéléphonique.

L'ensemble de ces dispositions offrira le moyen de donner à l'industrie et à la technique radioélectrique française, un développement digne de leur grand intérêt national et social.

Nous avons l'honneur de les soumettre à votre haute approbation et nous vous serions obligés de vouloir bien, au cas où partageriez notre manière de voir, revêtir de votre signature le projet de décret ci-joint.

Veuillez agréer, monsieur le Président, l'hommag de notre profond respect.

Le président du Conseil,
Ministre des affaires étrangères,
R. POINCARÉ

Le ministre des travaux publics,
YVES LE TROCQUER.

Le ministre de la guerre,
MAGINOT.

Le ministre de la marine,
RAIBERTI.

Le ministre de l'intérieur,
MAURICE MAUNOURY.

Le ministre des finances,
CH. DE LASTEYRIE.

Le Président de la République française,

Vu l'article 3 de la loi du 29 novembre 1850 sur la correspondance télégraphique privée;

Vu le décret-loi du 27 décembre 1851 concernant le monopole et la police des lignes télégraphique;

Vu l'article 3 de la loi constitutionnelle du 25 février 1875;

Vu la loi du 5 avril 1878 autorisant le ministre des postes et des télégraphes à consentir des abonnements à prix réduits pour la transmission des dépêches télégraphiques lorsque cette transmission s'effectue en dehors des conditions ordinaires établies pour l'application des taxes télégraphiques;

Vu l'article 25 de la loi de finances du 30 juillet 1913;

Vu l'article 44 de la loi de finances du 31 juillet 1920;

Vu les articles 64 et 85 de la loi de finances du 30 juin 1923;

Vu les décrets des 24 février 1917 et 15 mai 1921 relatifs à la transmission et à la réception des signaux radioélectriques;

Sur le rapport du Président du Conseil, ministre des affaires étrangères, des ministres des travaux publics, de la guerre, de la marine, de l'intérieur et des finances,

Décrète :

Art 1er. — Aucune installation radioélectrique privée pour la télégraphie et la téléphonie ne peut être établie et utilisée que dans les conditions déterminées par le présent décret.

TITRE Ier

POSTES RADIOELECTRIQUES PRIVES DE RECEPTION

Art. 2. — Les postes radioélectriques servant uniquement à la réception de signaux ou de communications n'ayant pas le caractère de correspondances particulières sont divisés en trois catégories :

1° Ceux qui sont installés par les départements, les communes, les établissements publics ou d'utilité publique, pour des auditions gratuites;

2° Ceux qui sont installés par des particuliers pour des auditions publiques ou payantes;

3° Ceux qui ne sont pas destinés à des auditions publiques ou payantes.

Art. 3. — L'établissement des postes radioélectriques privés servant uniquement à la réception de signaux ou de communications n'ayant pas le caractère de correspondances particulières est autorisé sous la condition, pour le pétitionnaire, de souscrire, dans un bureau quelconque des postes et des télégraphes une déclaration conforme au modèle déterminé par un arrêté du sous-secrétaire d'Etat des postes et des télégraphes.

Cette déclaration doit être accompagnée des pièces justificatives de l'identité, du domicile et de la nationalité du déclarant.

Elle donne lieu à la perception d'un droit de statistique fixé à 1 fr.

Il en est délivré un récépissé au déclarant.

Toutes les dispositions doivent d'ailleurs être de la nationalité française, l'établissement ou poste radio-électrique de réception demeure subordonné à une autorisation spéciale du sous-secrétaire d'Etat des postes et des télégraphes dans les conditions fixées pour les postes d'émission par le titre II du présent décret.

Art. 4. — Les postes récepteurs ne doivent être la cause d'aucune gêne pour les postes voisins, même dans le cas d'appareils récepteurs émettant des ondes de faible intensité dans l'antenne.

Toutes les dispositions doivent d'ailleurs être prises pour que cette émission d'ondes par les appareils de réception soit réduite au minimum.

Art. 5. — L'administration des postes et des télégraphes est chargée d'exercer tel contrôle qu'elle jugera utile sur les postes radioélectriques privés de réception. Les agents chargés du contrôle pourront pénétrer à tout moment dans les locaux où se trouvent installés les postes destinés à des auditions publiques ou payantes.

Art. 6. — Les postes radioélectriques de la 2ᵉ catégorie mentionnée à l'article 2 destinés à des auditions publiques ou payantes sont soumis à une redevance annuelle indivisible et due pour la période du 1ᵉʳ janvier au 31 décembre de chaque année. Cette redevance est fixée par décret contresigné par le ministre chargé des postes, télégraphes et téléphones et par le ministre des finances. Elle est au maximum de 200 fr. Elle s'applique à chaque ensemble récepteur indépendant.

Art. 7. — Les postes visés par les articles 2 à 6 du présent décret sont autorisés seulement à recevoir soit les signaux ou communications adressés « à tous », soit les signaux d'expérience, à l'exclusion absolue des correspondances particulières adressées, soit à des postes privés, soit à des postes assurant un service public de communications.

L'établissement de postes destinés à recevoir des correspondances particulières est subordonné à une autorisation spéciale dans les conditions fixées pour les postes d'émission par le titre II du présent décret.

TITRE II

POSTES RADIOELECTRIQUES PRIVES D'EMISSION

Art. 8. — L'établissement des postes radioélectriques privés servant à assurer l'émission ou à la fois l'émission et la réception des signaux et des correspondances est subordonné à une autorisation spéciale du sous-secrétaire d'Etat des postes et des télégraphes, après avis d'une commission interministérielle instituée par le sous-secrétaire d'Etat des postes et des télégraphes.

Les ministres des affaires étrangères, de l'intérieur, de la guerre et de la marine peuvent faire opposition à l'établissement de tout poste radioélectrique privé d'émission de nature à porter atteinte soit à la sûreté de l'Etat, soit au fonctionnement normal des postes radioélectriques relevant de leurs services.

Art. 9. — Est considéré comme poste radioélectrique privé d'émission tout poste radioélectrique d'émission non exploité par l'Etat pour un service officiel ou public de communications ou par un concessionnaire autorisé à effectué un service de même nature.

Les postes radioélectriques privés d'émission sont divisés en cinq catégories :

1° Les postes fixes destinés à l'établissement de communications privées;

2° Les postes mobiles et postes terrestres correspondant avec ces postes pour l'établissement de communications privées et non régis par les dispositions des conventions internationales ou des règlements intérieurs;

3° Les postes fixes destinés à la diffusion publique de communications d'intérêt général;

4° Les postes destinés à des essais d'ordre technique ou à des expériences scientifiques;

5° Les postes d'amateurs.

Art. 10. — Les informations de toute nature transmises par les postes radioélectriques privés d'émission sont soumises au contrôle prévu par l'article 3 de la loi du 29 novembre 1850 sur la correspondance télégraphique privée.

L'établissement et l'utilisation des postes de la 3° catégorie doivent faire l'objet de conventions spéciales conclues par le sous-secrétaire d'Etat des postes et des télégraphes dans les conditions fixées par l'article 12 ci-après.

Les postes de la 4° catégorie ne peuvent servir qu'à l'échange des signaux et communications de réglage à des jours et heures déterminés et à titre temporaire.

Les postes de la 5° catégorie ne peuvent servir qu'à des communications utiles au fonctionnement des appareils à l'exclusion de toute correspondance ayant un caractère d'utilité actuelle et personnelle.

Les postes radioélectriques privés d'émission de toutes catégories peuvent, pour les besoins des services publics, être desservis temporairement aux frais de l'Etat par des agents désignés à cet effet.

Art. 11. — Toute demande d'autorisation visant l'établissement d'un poste radioélectrique privé d'émission doit être adressée au sous-secrétaire d'Etat des postes et des télégraphes. Elle est établie en double expédition, dont une sur timbre conformément au modèle déterminé par un arrêté. Elle doit indiquer le but poursuivi par le pétitionnaire, la nature des communications projetées, l'endroit précis où seront installés les appareils, les heures demandées pour le fonctionnement du poste, les caractéristiques techniques envisagées pour la réalisation de l'installation projetée (forme et dimensions de l'antenne, type des appareils, puissance totale mesurée à l'alimentation, c'est-à-dire aux points de l'installation où l'énergie électrique avant d'être appliquée aux générateurs de haute fréquence apparaît pour la dernière fois sous forme de courant continu ou de courants des plus basses fréquences utilisées, type d'onde, procédé de modulations, longueurs d'onde). Elle est accompagnée d'un schéma de principe du poste et, le cas échéant, d'un schéma des communications à établir, avec la liste des correspondants.

Les permissionaires doivent prendre l'engagement écrit de se soumettre sans aucune réserve à toutes les dispositions réglementaires intervenues ou à intervenir en matière d'établissement et d'usage de postes radioélectriques privés, ainsi qu'aux conditions particulières qui pourraient leur être imposées par l'administration des postes et des télégraphes.

Les autorisations sont délivrées exclusivement aux titulaires d'un certificat d'opérateur radiotéléphoniste délivré après un examen dont les conditions sont déterminées par le sous-secrétaire d'Etat des postes et des télégraphes ou aux propriétaires d'installations qui se sont engagés à faire assurer le réglage et le bon fonctionnement de leur poste par un opérateur pourvu de l'un desdits certificats.

Les frais d'examen pour l'obtention de ces certificats sont fixés à 15 fr. par candidat examiné.

Le nombre des postes émetteurs, dans une région donnée, peut être limité en tenant compte des possibilités de brouillage avec les postes de même nature.

Art. 12. — Les conventions relatives aux postes de la 3ᵉ catégorie prévues par le paragraphe 2 de l'article 10 ci-dessus sont établies ainsi que les cahiers des charges y annexés, après avis de la commission visée à l'article 8 du présent décret.

Elles fixent notamment les conditions techniques, administratives et financières de l'établissement et de l'utilisation du poste.

Les clauses techniques sont arrêtées d'accord avec les ministres dont relèvent les postes affectés à un service public. Les clauses financières sont arrêtées d'accord avec le ministre des finances.

Le sous-secrétaire d'Etat des postes et des télégraphes peut, dans les mêmes conditions, conclure des conventions pour l'utilisation, en dehors des heures de service public, de postes d'émission appartenant à l'Etat.

Art. 13. — Les seuls types d'ondes susceptibles d'être autorisés sont les suivants :
Ondes entretenues manipulées;
Ondes entretenues modulées par la parole ou par les sons musicaux.
Toutefois, dans les postes de la 2° catégorie, tous les types d'ondes prévus par les règlements internationaux sont susceptibles d'être autorisés pour les services pouvant présenter éventuellement un caractère international.

Art. 14. — Les puissances et les longueurs d'onde pouvant être utilisées par les postes radioélectriques privés d'émission des 1re, 2°, 4°, et 5° catégories sont comprises dans les limites indiquées ci-après :

a) *Postes de la 1re catégorie.*
Puissance proportionnée à la distance à franchir et limitée à 400 watts-alimentation.
Longueur d'onde : 150 à 200 mètres en télégraphie et en téléphonie.
Dans le cas exceptionnel où les postes de cette catégorie sont autorisés pour établir des communications à l'intérieur des agglomérations la puissance est limitée à 100 watts-alimentation, et la longueur d'onde comprise en 125 mètres et 150 mètres; de plus, la hauteur de l'antenne au-dessus du sol ne peut dépasser 30 mètres.

b) *Postes de la 2° catégorie.*
Puissance : proportionnée à la distance à franchir et limitée à 400 watts-alimentation.
Longeur d'onde : 150 à 180 mètres.
Toutefois, pour les postes qui doivent assurer des communications d'un caractère international, les longueurs d'onde sont fixées conformément aux règlements internationaux.

c) *Postes de la 4ᵉ catégorie.*

Puissance, longueur d'onde : déterminées dans chaque cas suivant le but recherché.

d) *Postes de 5ᵉ catégorie.*

Puissance : limitée à 100 watts-alimentation.
Longueur d'onde : 180 à 200 mètres.

Sous réserve des limites susindiquées, les caractéristiques techniques d'un poste radioélectrique privé quelconque d'émission sont déterminées, après examen des justifications fournies par le pétitionnaire quant au but poursuivi et en tenant compte des règlements internationaux, par la commission interministérielle prévue par l'article 8 du présent décret.

Ces caractéristiques techniques restent d'ailleurs soumises à des restrictions éventuelles en raison des besoins des services publics.

Art. 15. — Sont interdites :
1° Toutes émissions modulées par la parole qui ne seraient pas en langage clair et en français, sauf autorisation spéciale, après avis de la commission interministérielle visée à l'article 8;
2° Toutes émissions faites par des procédés spéciaux qui ne permettraient pas, au moyen d'appareils récepteurs d'un modèle agréé par l'administration des postes et télégraphes, la réception et la compréhension des messages.

Art. 16. — L'administration des postes et des télégraphes exerce un contrôle permanent sur les postes radioélectriques privés d'émission. Les agents de l'administration, chargés du contrôle, peuvent pénétrer dans la station émettrice.

Art. 17. — Les postes radioélectriques privés d'émission des cinq catégories sont assujettis à une taxe de contrôle de 100 fr. par an et par kilowatt ou fraction de kilowatt de puissance mesurée à l'alimentation. Cette taxe est due pour l'année entière, quelle que soit la date de mise en service du poste. Les frais extraordinaires auxquels peut donner lieu spécialement le contrôle d'un poste radioélectrique privé sont remboursés par le permissionnaire du poste.

Art. 18. — Les postes des deux premières catégories, exception faite pour les émetteurs de rechange, sont soumis, en outre, à une redevance pour droit d'usage fixée pour chaque émetteur à 40 fr. par an et par watt-alimentation.

Le montant de la redevance pour droit d'usage applicable aux postes susvisés est exigible à partir du jour où les postes sont mis en service. Toutefois, pour la première année, il est calculé proportionnellement au temps à courir jusqu'au 31 décembre; pour les années suivantes, il est acquis à l'Etat pour l'année entière dès le 1er janvier.

Pour les installations temporaires dont la durée est déterminée par la décision d'autorisation, le montant de la redevance pour droit d'usage est calculée proportionellement à cette durée.

La redevance pour droit d'usage est réduite au tiers pour les postes de la 1re catégorie établis par les entrepreneurs de distribution d'énergie en vertu de l'obligation qui leur est faite par les lois, décrets et règlements, et destinés exclusivement à assurer la sécurité de l'exploitation.

Des tarifs spéciaux pourront être fixés par arrêtés concertés entre le sous-secrétaire d'Etat des postes et des télégraphes et le ministre des finances pour les postes radioélectriques privés d'émission établis par les départements, les communes et les établissements publics et utilisés pour les objets entrant dans leurs attributions, ainsi que pour les postes mobiles correspondant avec lesdits postes émetteurs.

TITRE III

DISPOSITIONS COMMUNES AUX POSTES RADIOELECTRIQUES PRIVES DE TOUTE NATURE

Art. 19. — Les postes radioélectriques privés d'émission ou de réception de toute nature sont établis, exploités et entretenus par les soins, aux frais et risques des permissionaires.

L'Etat n'est soumis à aucune responsabilité à raison de ces opérations.

Art. 20. — Dans les relations radioélectriques internationales les redevances pour droit d'usage sont fixées après entente avec les offices étrangers intéressés.

Art. 21. — Les autorisations accordées ne comportent aucun privilège et ne peuvent faire obstacle à ce que des autorisations de même nature soient accordées ultérieurement à un pétitionnaire quelconque. Elles sont délivrées sans garantie contre la gêne mutuelle qui serait la conséquence du fonctionnement simultané d'autres postes. Elles ne peuvent être transférées à des tiers. Sous réserve des clauses spéciales qui peuvent être insérées dans les conventions prévues par l'article 12 du présent décret, toutes les autorisations sont révocables à tout moment sans indemnité par le sous-secrétaire d'Etat des postes et des télégraphes, après avis de la commission interministérielle prévue à l'article 8 du présent décret et notamment dans les cas suivants :

1° Si le permissionaire n'observe pas les conditions particulières qui lui ont été imposées pour l'établissement et l'utilisation de son poste.

2° S'il commet une infraction aux règlements intérieurs ou internationaux sur le fonctionnement et l'exploitation des postes radioélectriques;

3° S'il utilise son poste à d'autres fins que celles qui ont été prévues dans l'autorisation ou la déclaration, notamment s'il capte indûment des correspondances qu'il n'est pas autorisé à recevoir ou s'il viole le secret de celles qu'il a captées fortuitement;

4° S'il apporte un trouble quelconque au fonctionnement des services publics utilisant soit la voie radiotélégraphique ou radiotéléphonique, soit la télégraphie ou la téléphonie sur fils à haute et basse fréquence.

Art. 22. — Les postes, appareils et installations radioélectriques peuvent être provisoirement saisi sur l'ordre du sous-secrétaire d'Etat des postes et des télégraphes dans tous les cas où leur utilisation compromet l'ordre et la sûreté publics ou la défense nationale ou apporte des troubles à la correspondance radioélectrique. Il est statué définitivement par décret après avis de la commission interministérielle prévue à l'article 8 du présent décret.

Art. 23. — Sont et demeurent abrogées toutes dispositions contraires à celles du présent décret et notamment l'article 4 du décret du 15 mai 1921.

Art. 24. — Le Président du Conseil, ministre des affaires étrangères, les ministres des travaux publics, de la guerre, de la marine, de l'intérieur et des finances sont chargés, chacun en ce qui le concerne, de l'exécution du présent décret qui sera publié au *Journal Officiel* et inséré au *Bulletin des lois*.

Fait à Paris, le 24 novembre 1923.

A. MILLERAND.

Par le Président de la République :
Le Président du Conseil,
ministre des affaires étrangères,
R. POINCARE.

Le ministre des travaux publics,
YVES LE TROCQUER.

Le ministre de la guerre,
MAGINOT.

Le ministre de la marine,
RAIBERTI.

Le ministre de l'intérieur,
MAURICE MAUNOURY.

Le ministre des finances,
CH. DE LASTEYRIE.

Le sous-secrétaire d'Etat des postes et des télégrapes,

Vu le décret du 24 novembre 1923, réglementant l'établissement et l'usage des postes radioélectriques privés;

Sur la proposition du directeur de l'exploitation télégraphique,

Arrête :

Art. 1er. — Les dispositions du décret du 24 novembre 1923, réglementant l'établissement et l'usage des postes radioélectriques privés entreront en application à partir du 1er janvier 1924.

Art. 2. — Les postes radioélectriques privés de réception déclarés avant cette date et compris dans la 2e catégorie mentionnée à l'article 2 du décret du 24 novembre 1923 ne seront soumis à la redevance annuelle prévue à l'article 6 dudit décret qu'à partir du 1er janvier 1924.

Les sommes encaissées à titre du droit de statistiques jusqu'au 1er janvier 1924 sur les postes radioélectriques récepteurs de toute nature ne pourront donner lieu à remboursement au profit des permissionnaires.

Les postes radioélectriques privés d'émission autorisés avant le 31 décembre 1923 et entrant dans les 1re et 2e catégories mentionnées à l'article 8 du décret du 24 novembre 1923 ne seront assujettis à la redevance pour droit d'usage prévu à l'article 18 dudit décret qu'à partir du 1er janvier 1924.

Art. 3. — Le présent arrêté sera déposé au sous-secrétariat d'Etat des postes et des télégraphes (service central) pour être notifié à qui de droit.

Fait à Paris, le 12 décembre 1923.

PAUL LAFFONT.

Le sous-secrétaire d'Etat des postes et des télégraphes,

Vu l'article 11 du décret du 24 novembre 1923, relatif à l'établissement et à l'usage de postes radioélectriques privés;

Sur la proposition du directeur de l'exploitation télégraphique,

Arrête :

Art. 1ᵉʳ. — Le certificat d'opérateur radiotélégraphiste, prévu à l'article 11 du décret du 24 novembre 1923, est délivré, après examen, à tous les candidats remplissaant les conditions suivantes :

1° Aptitude à la transmission et à la réception au son des signaux Morse, pendant une durée minima de cinq minutes, à la vitesse de huit mots à la minute, pour les certificats relatifs aux postes de la 5ᵉ catégorie et de quinze mots à la minute pour les certificats relatifs aux postes des autres catégories;

2° Connaissance des abréviations radiotélégraphiques d'usage courant;

3° Aptitude au réglage de l'appareil radiotélégraphique sur trois longueurs d'onde différentes.

L'examen a lieu au domicile du pétitionnaire, où à l'endroit désigné par lui, par les soins d'un fonctionaire ou agent de l'administration des postes et des télégraphes.

Art. 2. — Le certificat d'opérateur radiotéléphoniste, prévu à l'article 11 du décret du 24 novembre 1923, est délivré, après examen à tous les candidats remplissant les conditions suivantes :

1° Aptitude à la transmission et à la réception d'une façon claire de la conversation, au moyen de l'appareil radiotéléphonique;

2° Connaissance de la procédure radiotéléphonique d'usage courant;

3° Aptitude au réglage de l'appareil radiotéléphonique sur trois longueurs d'onde différentes.

L'examen a lieu au domicile du pétitionnaire, où à l'endroit désigné par lui par les soins d'un fonctionnaire ou agent de l'administration des postes et des télégraphes.

Art. 3. — Les permissionnaires des postes radioélectriques privés d'émission autorisés avant le 1er janvier 1924 seront astreints à subir, dans un délai de trois mois, selon le cas, l'un des examens prévus aux articles 1er ou 2 précédents, à moins qu'ils ne s'engagent à faire assurer, à l'expiration de ce même délai, le réglage et le bon fonctionnement de leur poste par un opérateur pourvu de l'un desdits certificats.

Art. 4. — Le présent décret arrêté sera déposé au sous-secrétariat d'Etat des postes et des télégraphes (service central) pour être notifié à qui de droit.

Fait à Paris, le 12 décembre 1923.

PAUL LAFFONT.

DÉCRET DU 14 DÉCEMBRE 1923

Le Président de la République française,

Vu la loi du 5 avril 1878, autorisant le ministre des postes et des télégraphes à consentir des abonnements à prix réduits pour la transmission des dépêches télégraphiques lorsque cette transmission s'effectue en dehors des conditions ordinaires établies pour l'application des taxes télégraphiques;

Vu les décrets des 24 février 1917 et 15 mais 1921, relatifs à la transmission et à la réception des signaux radioélectriques ;

Vu l'article 85 de la loi des finances du 30 juin 1923;

Vu l'article 6 du décret du 24 novembre 1923, portant réglementation des postes radioélectriques privés;

Sur le rapport du ministre des travaux publics et du ministre des finances,

Décrète :

Art. 1er. — Le taux de la redevance annuelle applicable, en vertu de l'article 6 du décret du 24 novembre 1923, aux postes radioélectriques privés de réception destinés à des auditions publiques ou payantes, est fixé ainsi qu'il suit, d'après l'importance de la localité où le poste est établi :

Communes de moins de 25.000 habitants, 50 fr.
Communes de plus de 25.000 habitants et de moins de 100.000, 100 fr.
Communes de plus de 100.000 habitants, 200 fr.

Art. 2. — Les dispositions du présent décret sont applicables à partir du 1er janvier 1924.

Art. 3. — Les ministres des travaux publics et des finances sont chargés de l'exécution du présent décret, qui sera publié au *Journal Officiel* et inséré au *Bulletin des lois*.

Fait à Paris, le 14 décembre 1923.

A. MILLERAND.

Les Ouvrages que tout Amateur doit avoir sur sa Table

P. HEMARDINQUER

Le Poste de l'Amateur de T.S.F.

Cet ouvrage se compose d'une série de chapitres dont l'ensemble forme la description complète, dans ses moindres détails, d'un poste de T. S. F., suivant pas à pas le montage et le réglage de tous les systèmes connus. Il est l'indispensable guide de tout amateur sérieux

Prix : 10 francs

HAUSSER

LA MEMOIRE INSTANTANÉE DES SIGNAUX MORSE

La méthode Hausser, qui est d'une simplicité vraiment déconcertante, permet à chacun de trouver instantanément la signification de tous les signes Morse qu'il entend, et lui donne la possibilité de se familiariser, en peu de jours, à un système mnémotechnique des plus simples avec la langue Morse que tous doivent connaître

Prix : 4 fr. 50

Etienne CHIRON, éditeur, 40, r. de Seine. PARIS

LA TÉLÉPHONIE SANS FIL EST A LA PORTÉE DE TOUS

car chacun peut construire soi-même, pour une centaine de francs, un poste de T.S.F. qui lui permettra d'entendre chaque jour

LES CONCERTS PAR T. S. F. DE LA TOUR EIFFEL

et

LES PRÉVISIONS MÉTÉOROLOGIQUES

Toutes indications pour la construction de ce poste sont données dans la brochure :

LA RÉCEPTION PAR TÉLÉPHONIE SANS FIL
DES PRÉVISIONS MÉTÉOROLOGIQUES

Instructions pour le Montage d'un Poste à Galène

Prix : 2 francs. — Franco : 2 fr. 50

Etienne CHIRON, Éditeur, 40, rue de Seine, Paris

Ecrit sous une forme simple et compréhensible pour tous, ce livre n'est pas seulement le catéchisme des débutants rebutés par les exposés trop abstraits de la plupart des manuels, il est aussi l'ouvrage que chacun doit lire car aujourd'hui il n'est plus permis à personne d'ignorer les premiers principes de la T. S. F. qui a révolutioné le monde.

Prix : 3 fr.

En vente chez tous les Libraires et chez l'Éditeur

E. CHIRON, éditeur, 40, rue de Seine, 40, PARIS (VIe)

L'ÉLECTRICITÉ CHEZ SOI

OUVRAGES DE M. MICHEL

POUR POSER SOI-MÊME LES SONNERIES
ET LES
TABLEAUX INDICATEURS

Un volume avec schéma
et de nombreuses figures explicatives

Prix : **5** francs　　　　　　Franco : **5 fr. 50**

POUR POSER SOI-MÊME
LA LUMIÈRE ÉLECTRIQUE

Un volume avec schéma
et de nombreuses figures explicatives

Prix : **5** francs　　　　　　Franco : **5 fr. 50**

POUR POSER SOI-MÊME
LES TÉLÉPHONES

Un volume avec schéma
et de nombreuses figures explicatives

Prix : **5** francs　　　　　　Franco : **5 fr. 50**

Étienne CHIRON, éditeur, 40, rue de Seine, PARIS (6e)

LES MEILLEURS OUVRAGES DE T. S. F.

LE POSTE DE L'AMATEUR DE T. S. F., par P. Hémardinquer. — Un beau volume avec nombreuses figures explicatives donnant la description de tous les appareils à galène et à lampes, haut-parleurs, etc. . . . . **10 fr.** »

LA T. S. F. EXPLIQUÉE, par H. C. Vallier, avec la réglementation complète de la T. S. F. . . . . **3 fr.** »

La téléphonie sans fil pour tous : **RÉCEPTION PAR TÉLÉPHONIE SANS FIL DES PRÉVISIONS METEOROLOGIQUES ET DES RADIO-CONCERTS.** Instruction officielle de l'Office national météorologique pour la construction et le montage d'un poste récepteur à galène . . . . **2 fr.** »

LA TÉLÉPHONIE SANS FIL EN HAUT-PARLEUR, par le Docteur P. Husnot. Construction d'un poste de T. S. F. très simplifié, spécialement adapté à la réception des radio-concerts. **3 fr.**

LA CONSTRUCTION DES APPAREILS DE TÉLÉPHONIE SANS FIL, à galène, à lampes, en haut-parleur. Notions complètes de construction, par L. Michel . . . . **3 fr.** »

MANUEL PRATIQUE DE T. S. F., par Branger. — Un volume de 148 pages, avec 70 figures . . . . **6 fr.** »

TOUS LES MONTAGES DE T. S. F., album complet avec schemas explicatifs, par Branger . . . . **6 fr.** »

GRAPHIQUE HORAIRE DES ÉMISSIONS RÉGULIÈRES DE T. S. F. ET TELEPHONIE SANS FIL. — Un tableau 65 × 100 donnant l'heure, la nature et la longueur d'onde de toutes les émissions régulières de T. S. F. et Téléphonie sans fil. **3 fr.** »

Indispensable devant chaque poste récepteur.

LISTE DES ÉMISSIONS ET TABLEAU DE DÉCHIFFREMENT DES RADIOGRAMMES METEOROLOGIQUES d'intérêt général émis par les postes de T. S. F. de la France et de l'Afrique du Nord française. **4 fr.** »

LES ONDES COURTES, par A. Clavier. Émission et réception. — Un volume in-8 . . . . **6 fr.** »

ANNUAIRE DE LA T. S. F. pour 1924 . . . . **30 fr.** »

Lire les *Revues :*

L'ONDE ÉLECTRIQUE. Le Nº, 3 fr.; Abonnement d'un an, 30 fr. »
RADIO REVUE. Le Nº, 2 fr. 50; Abonnement d'un an, 25 fr. »

Étienne CHIRON, éditeur, 40, rue de Seine, PARIS

www.ingramcontent.com/pod-product-compliance
Lightning Source LLC
Chambersburg PA
CBHW061018050426
42453CB00009B/1507